Pónle Ritmo

Cómo trabajar el ritmo en diferentes contextos

ANNA LUJÁN

Saralejandría
ediciones

Del texto:
Anna Luján Roca

Perfil profesional:
@_annademusica

Diseño de edición:
Elena Torres Andrés

De la presente edición:
Grupo Sar Alejandría S.L

Edita:
Saralejandría Ediciones

ISBN: 978-84-10105-86-7
Depósito Legal: CS 139-2025

A mis padres, por apuntarme a aprender música y regalarme todo un mundo.

«El arte de enseñar es el arte de ayudar a descubrir». Mark Van Doren

ÍNDICE

SOBRE MÍ

La música ha estado siempre a mi lado. De pequeña empecé a estudiarla y ahora tengo la oportunidad de acercarla a los niños y de poder mostrar cómo es de importante saber tratarla. La música me lleva a mi zona de confort, a un lugar seguro, a una calma interior. Hoy en día, he tenido tres momentos en los que la música ha sido siempre la respuesta.

El primero fue en la universidad, cuando nos preguntaron si queríamos hacer una especialidad (por aquel entonces, yo hacía años que había dejado de estudiar piano y no me había planteado poder ser maestra de música, al menos hasta ese momento). El segundo fue cuando me quedé en la escuela y todos los niños de primaria se fueron de colonias (las clases de música se pararon, obviamente, y fui consciente de la necesidad que tengo de estar rodeada de música, de dar clases de música); para mí, los tres días más aburridos de la escuela (los años en los que no me tocó ir, claro). Y el tercero fue cuando entré en una nueva escuela y no era

> capaz de situarme (ver a todas las maestras con muchas cosas por hacer y yo, sentada en la que sería mi aula de cada día, sin saber muy bien qué hacía allá) hasta que puse música.

Recuerdo la primera clase de música en la escuela en la que estuve trabajando mis primeros seis años docentes. *¿Me habré equivocado? ¿Seguro que he escogido bien mi profesión?* Era inevitable pensarlo tras dar la primera clase de música como profesional, y más cuando me estrené en infantil. También recuerdo mi primera clase de música en la escuela en la que trabajo ahora. *Ahora sí*. Esto fue lo que pensé en cuánto puse la primera canción. Visto con perspectiva, la música me ha llevado a mi sitio.

Y ahora escribo este pequeño libro en el que intento acercar la música a todo el que quiera. Intento acercar a todo el mundo aquello que hago día a día, lo que me permite ver disfrutar a mis alumnos, aquello que hace años me llevó a aprender una de las mejores profesiones que existen: ser maestra, y más si eres la maestra de música.

EL RiTMO

El *Institut d'Estudis Catalans* define la palabra **ritmo** como «proporción de tiempo entre varios movimientos, sonidos, fenómenos o actas repetidos». Además, concreta que, en el ámbito musical, el ritmo se define como una «sucesión de sonidos, sílabas, latidos, etc., forma de sucederse y de alternar fuertes y débiles, largos y breves, en especial que se produce periódicamente en una frase musical, en un verso, etc.». El ritmo, pues, es un concepto muy importante a tener en cuenta cuando trabajamos la música.

Si nos centramos en el ritmo musical, podemos decir que es uno de los elementos fundamentales de la música, puesto que nos permite ordenar temporalmente los sonidos. Podemos encontrar diferentes elementos como el tiempo (nos indica cuánto dura cada figura rítmica), el compás (grupo de figuras), la pulsación (el latido constante que sigue una melodía) y el tempo (la rapidez o lentitud a la que se interpreta la pieza).

¿Sabías que el ritmo tiene la capacidad de transmitir emociones? Por ejemplo, un ritmo rápido nos puede transmitir emoción, alegría o nervios; en cambio, un ritmo lento nos puede transmitir calma o tristeza.

¿Por qué es importante trabajarlo?

El ritmo es una herramienta fundamental que nos permite desarrollar y potenciar nuestra coordinación, atención, memoria y motricidad.

UN POCO DE LENGUAJE MUSICAL

Empezamos por el principio. Lo primero que tienes que saber es la diferencia entre los conceptos **ritmo** y **pulsación.** La pulsación es el latido constante que sigue una melodía. El ritmo, en cambio, es el elemento que determina la duración de los sonidos. Por tanto, la pulsación está presente en toda la pieza musical y el ritmo sigue la pulsación y la organización que esta determina.

Una actividad muy visual para entender la diferencia entre la pulsación y el ritmo es formar dos equipos y hacer que cada uno de ellos siga uno de los dos conceptos. Por ejemplo, un grupo sigue la pulsación, que tiene que ser constante, mientras que el otro grupo sigue el ritmo (puede ser con una audición o cantando una canción). El resultado será el siguiente: mientras un grupo tendrá una estabilidad, el otro irá tocando más veces y se podrá observar la diferencia entre ellos.

Cuando hablamos de ritmo, hablamos de varios aspectos importantes:

1. Las figuras rítmicas

Son los símbolos musicales que determinan la duración de cada sonido. Hay 7: la redonda, la blanca, la negra, las corcheas, las semicorcheas, las fusas y las semifusas. Cada figura rítmica tiene un valor, es decir, una cantidad de pulsaciones.

2. Los silencios

Son los símbolos que determinan la duración de los silencios. Se corresponden con las figuras rítmicas. Se denominan *silencio de* y la figura a la cual corresponde. Por ejemplo, silencio de negra, silencio de corchea...

3. El compás

Podríamos decir que es la división de una melodía en segmentos iguales. El objetivo principal es organizar una pieza musical. Los compases que más trabajamos en la escuela son el de 2, el de 4 y el de 3. Dentro de cada compás se encuentra el número de pulsaciones que se indica. Así pues, el compás de 2 agrupa dos pulsaciones, el de 3 agrupa tres y el de 4, cuatro.

LENGUAJE MUSICAL

Figuras rítmicas y silencios correspondientes

Redonda
4 tiempos

Blanca
2 tiempos

Negra
1 tiempo

Corchea
1/2 tiempo

Semicorchea
1/4 tiempo

Fusa
1/8 tiempo

Semifusa
1/16 tiempo

Figuras rítmicas y valores

Dos corcheas
1 tiempo

Cuatro semicorcheas
1 tiempo

Saltillo
1 tiempo

Tresillo
1 tiempo

 ¡UN PLUS!

Puedes trabajar las equivalencias entre las figuras rítmicas para mostrar de forma visual cuál es su valor. Esta actividad relaciona la música con las matemáticas, concretamente con las fracciones. Al final del libro te muestro algunos ejemplos y materiales para que lo puedas mostrar a los niños.

EQUIVALENCIAS

Cuadro de equivalencias rítmicas

16

¿Qué te propongo?

A continuación, te explico, en diferentes capítulos, una serie de propuestas para trabajar el ritmo ya sea dentro del aula o en otro espacio. Todas las propuestas van dirigidas al adulto, desde maestros y familiares hasta cualquier persona interesada en la música, para explicar cómo llevar a cabo las diferentes actividades. Cada propuesta se muestra con una explicación inicial, una propuesta de actividades y un plus, un apartado con un añadido para dar ideas que hagan más compleja la actividad o para dar algún consejo.

RITMO CON EL CUERPO

El cuerpo, el instrumento que más al alcance tenemos todos. Seguro que has movido los pies mientras escuchabas una canción o has dado palmas en algún concierto. ¿Te has fijado en la variedad de sonidos que podemos obtener golpeando diferentes partes del cuerpo? Puedes pisar fuerte, pasarte las manos por los muslos, golpearte el pecho, los brazos, dar palmas, darlas con un compañero, etc., e ir siguiendo una canción.

Percudir es la acción de dar una vez, ya sea con un objeto, un instrumento o el propio cuerpo. La percusión corporal, pues, es el **uso del cuerpo para producir sonidos**. La percusión corporal ha estado siempre presente, ya sea acompañando compases, la voz o una danza.

¿Cómo se puede trabajar?

Es muy importante que sepas que es necesario una participación completamente activa, es decir, que implica movimiento. Haciendo actividades de percusión corporal no solo trabajarás la música, sino también la autonomía, la motricidad, la memoria y la creatividad.

¿Qué se trabaja?

Hacer ritmos con el cuerpo te permite mejorar tu coordinación, tu memoria y tu capacidad de concentración, te aporta bienestar físico y mental, te permite la exploración de tu propio cuerpo y fomenta la imaginación y la capacidad de improvisación.

¿Qué canciones puedo usar?

Para trabajar el ritmo con el cuerpo puedes usar la mayoría de las canciones que te vengan a la cabeza. Yo te recomiendo que lo hagas con canciones conocidas, por ejemplo, que suenen en la radio o que estén de moda en este momento. Algunas de las que uso yo son *Bad Guy* de Billie Eilish, *Djadja* de Aya Nakamura, *Green Green Grass* de George Ezra o *Tobogan* de Zoo.

 ¡UN PLUS!

Puedes relacionar las diferentes voces con los ritmos musicales, es decir, relacionar la teoría con la práctica, e incluso crear coreografías a partir de la estructura de la misma canción. Te propongo que tengas diferentes pictogramas para indicar las distintas partes del cuerpo. De este modo es más fácil de seguir y es una herramienta muy útil para después pedir a los alumnos que creen su propia coreografía.

PASOS BÁSICOS PARA BODY PERCUSSION

Golpe   Palmada   Pie   Paso adelante   Chasquido

Pecho   Paso derecha   Giro   Salto   Paso atrás
         o izquierda

MÉTODO SSM DE SANTI SERRATOSA

El método SSM (Señalización-Secuenciación-Música) une la percusión corporal con diferentes métodos pedagógicos que dan mucha importancia a la improvisación, la creatividad y el lenguaje rítmico expresado con el cuerpo. Te animo a conocer a **Santi Serratosa**, el creador de este método. A través de sus coreografías podrás trabajar el ritmo con el cuerpo.

Santi Serratosa muestra propuestas muy claras, siguiendo siempre unas directrices sencillas y repetitivas. De entrada, sus coreografías te pueden parecer complicadas, pero tienes que pensar que solo muestran una pequeña parte, es decir, el producto final, mientras que todo el proceso es de aprendizaje asequible.

KEITH TERRY

Keith Terry es un percusionista, bailarín y educador rítmico que une la danza y la música a través de la percusión corporal. Es fundador y director de *Crosspulse,* una organización artística de California que hace más de treinta y cinco años que se dedica a la creación, la interpretación y la grabación de música y danza intercultural basada en el ritmo. Es especialmente conocido por sus actuaciones de percusión corporal e imparte talleres y formaciones por todo el mundo. Cada otoño realiza un festival de percusión corporal en San Francisco, California, conocido como el Body Music Festival.

ACTIVIDAD

La actividad que te propongo es seguir estos ritmos golpeando las partes que te indica. En este caso, verás cómo los movimientos se van repitiendo, siguiendo la estructura de la canción. Al principio del vídeo verás como hay una pequeña muestra de los movimientos que tienes que hacer.

DANZA

Y es que no hace falta que demos golpes en nuestro cuerpo para trabajar el ritmo, sino que bailando también lo aprenderemos. La danza es una disciplina artística que, no solo nos proporciona placer estético, sino que aporta muchos más beneficios. Es una forma de hacer ejercicio físico que nos ayuda a mantenernos activos. También nos ayuda con nuestra postura, fuerza y flexibilidad, además de darnos beneficios en nuestra salud cardiovascular.

La conciencia de la **pulsación interna** es uno de los elementos clave para después poder adentrarnos en el mundo del ritmo. A través de la danza desarrollamos nuestra coordinación y nuestro oído interior, así como la memoria y la conciencia del espacio en el que nos movemos.

Gracias a la danza podremos permitir que los alumnos experimenten todos aquellos conceptos que vayamos trabajando y, además, con sus movimientos, tendremos una perspectiva visual sobre cuál es su nivel logrado de aprendizaje.

Asimismo, la danza nos funcionará como **herramienta de desarrollo emocional**, pues trabajaremos el bienestar emocional de los niños a través de la expresión de los propios sentimientos y la confianza en uno mismo en la aparición de nuevas habilidades, de la satisfacción propia y de la autoestima.

Además de los beneficios físicos y emocionales que nos proporciona, a través de la danza también podremos fomentar diferentes **habilidades sociales** como el trabajo en equipo, la comunicación entre iguales, la responsabilidad hacia el grupo y la participación cultural.

Por lo tanto, la danza nos aporta una serie de beneficios que posteriormente podremos ver plasmados en una mejora del rendimiento académico. La disciplina y la concentración necesarias para seguir una danza son también habilidades de estudio y de resolución de problemas.

A continuación, te propongo dos danzas sencillas. La primera se llama *El vals mexicano* y la segunda *Sasha*.

EJEMPLO 1: VALS MEXICANO

Se trata de una danza de México que se baila por parejas. Se colocan mi-rándose entre ellos. La estructura de la danza es muy repetitiva: tiene dos partes diferenciadas que van sonando.

26

A la primera parte la llamaremos **PARTE A.** En esta,, los niños harán tres movimientos y darán dos palmadas, siguiendo la música. Estos tres movimientos irán cambiando. En la segunda parte, la **PARTE B,** los niños se cogerán de las manos y bailarán conjuntamente (por parejas).

Estos son los movimientos de la **PARTE A** (se realiza cuatro veces):

1. Moveremos el cuerpo de lado a lado (derecha-izquierda-derecha) y daremos las dos palmadas.

2. Haremos girar a nuestra pareja y daremos dos palmadas.

3. Uno de la pareja se gira, quedando los dos mirando hacia el mismo lado (uno delante del otro) y haremos el mismo movimiento de mover el cuerpo hacia los lados, pero ahora nos miraremos y daremos dos palmadas.

EJEMPLO 2: SASHA

Esta danza es de Rusia y también se baila por parejas. En un círculo, los niños se colocan por parejas, mirándose entre ellos. Empezamos golpeando en las piernas, siguiendo la introducción de la música.

Nos ponemos las manos en la cintura y giramos marcando el tempo con los pies (8 tiempos).

Seguidamente, nos cogemos de las manos, andamos hacia fuera del círculo (8 tiempos) y volvemos hacia nuestro lugar (8 tiempos).

Nos cogemos del brazo y damos vueltas (8 tiempos hacia un lado y 8 tiempos hacia el otro).

A continuación, los niños que quedan fuera del círculo dan palmadas, mientras que los de dentro saludan y saltan siguiendo la pulsación, saliendo a la búsqueda de una nueva pareja. Esta danza es muy repetitiva y la dinámica es siempre la misma, buscando que los alumnos cambien de parejas.

RITMO CON INSTRUMENTOS

Hay una gran variedad de instrumentos con los que puedes trabajar el ritmo, pero hay que saber con cuáles lo podemos hacer de forma más ágil. Por un lado, hay que definir de qué familia es cada instrumento. Seguro que si piensas en su clasificación, dices: «instrumentos de viento, de cuerda y de percusión». Pues bien, no es una clasificación incorrecta, pero si muy generalizada.

Eric Von Hornbostel y Corto Sachs, en 1914, publicaron una clasificación diferente en la que separaban los instrumentos en cuatro grupos y subgrupos en función de cómo se producía el sonido. De este modo podemos distinguir entre **cordófonos, aerófonos, idiófonos y membranófonos.** Posteriormente, a esta clasificación se añade un quinto grupo, los **electrófonos.**

INSTRUMENTOS MUSICALES

clasificación según Hornbostel-Sachs

CORDÓFONOS

el sonido se produce por la vibración de cuerdas

AERÓFONOS

el sonido se produce por la vibración que crea el aire que entra

IDIÓFONOS

el sonido se produce por la vibración del propio instrumento

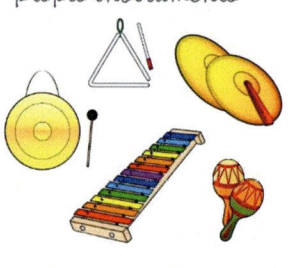

MEMBRANÓFONOS

el sonido se produce por la vibración de la membrana que forma el instrumento

ELECTRÓNICOS

el sonido se produce por algún elemento electrónico

34

Los **instrumentos de percusión** son aquellos en los que el sonido se produce a partir de un zarandeo o un golpe de cualquier modo (ya sea con una baqueta, con las manos, o sea un instrumento de dos partes que chocan entre sí). La función principal de los instrumentos de percusión es **marcar la pulsación y/o seguir el ritmo de una pieza musical.** Dentro de este gran grupo, aparecen los instrumentos **membranófonos** y los **idiófonos.**

Acompañar piezas musicales con instrumentos de percusión puede ser una forma de desarrollar **la creatividad, la autorregulación, la improvisación y la memoria rítmica.** Hay que destacar, en especial, los instrumentos de percusión de sonido determinado, es decir, aquellos que pueden hacer notas. A través de las notas, como son instrumentos que «se golpean», podemos crear acompañamientos rítmicos y melódicos de forma fácil.

BOOMwHACKERS

Los *boomwhackers* son unos tubos de colores que suenan cuando los haces chocar con un objeto o con una parte del cuerpo. Son ideales para trabajar de forma sencilla, puesto que los colores de cada tubo indican una nota en la escala musical. Es un instrumento que se puede empezar a usar desde los tres años. Así pues, mientras otros instrumentos de percusión solo permiten hacer ritmos, con los *boomwhackers* puedes hacer ritmos con notas musicales, por lo tanto, puedes acompañar canciones ¡e incluso bailar mientras lo haces! Hay que añadir que si tienes algún instrumento de placa (como el metalófono o el carillón), también puedes usar la misma dinámica.

¿Cómo funcionan?

Solo tienes que relacionar el color con las notas que necesitas interpretar. Para saberlas, necesitas encontrar los acordes de cada canción. A partir de aquí hay dos maneras de hacerlo: la nota que aparece en el acorde es la principal, la tonal, por lo tanto, puedes tocar aquella nota cada vez que aparezca el acorde; si lo quieres hacer más complejo pero a la vez con más nivel musical, tienes que encontrar las notas que forman cada acorde y tocarlas todas a la vez.

Es importante que sepas que cuando busques los acordes de las canciones por internet, en muchos casos no te encontrarás las notas escritas, sino que te encontrarás las letras del abecedario. Para que tengas una guía sobre qué nota es cada letra, te dejo un esquema que te lo explica:

RELACIÓN COLOR - NOTAS MUSICALES

do	re	mi	fa	sol	la	si
C	D	E	F	G	A	B

ACORDES - NOTAS - COLORES
acordes principales

Acorde de do **C**

Acorde de fa **F**

Acorde de sol **G**

Acorde de la menor **A**m

SANTI CARCASONA

Santi Carcasona es un músico polifacético que ha creado una metodología para aprender y disfrutar de la música a través de los ***boomwhackers.*** Te recomiendo que busques su curso *Tocant t'ho canto*, una metodología con la que, a través de diferentes propuestas, nos acerca al instrumento y al aprendizaje de diferentes saberes musicales.

 ¡UN PLUS!

Una vez tengas los acordes, puedes crear compases rítmicos y así tendrás un acompañamiento más completo. Te dejo unos cuantos patrones rítmicos para que practiques con tus instrumentos.

40

PATRONES RÍTIMCOS CON BOOMWHACKERS
los puedes hacer con cualquier acorde

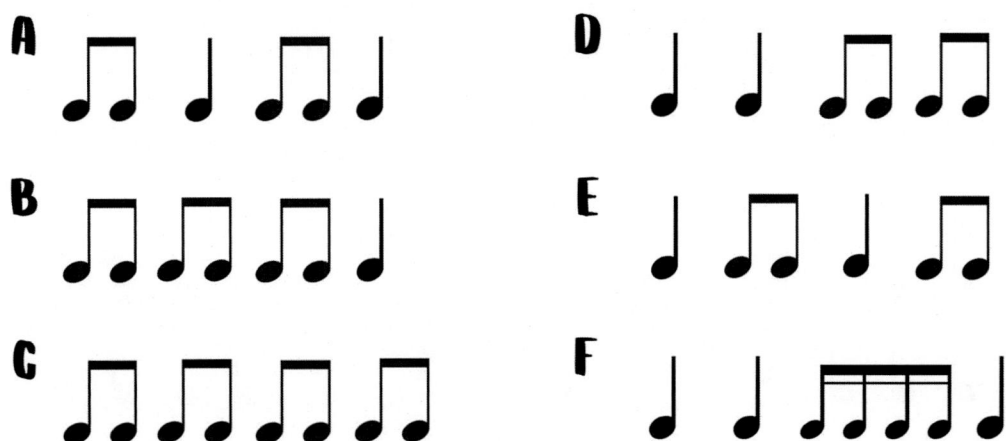

ACTIVIDAD

A continuación, te muestro una canción con un acompañamiento para *boomwhackers*. Puedes acompañar la canción con estos ritmos o te los puedes inventar, pero es importante que sigas los acordes marcados.

SHAKE IT OFF - TAYLOR SWIFT

¿Y LOS INSTRUMENTOS QUE NO TIENEN NOTAS?

Acompañar una canción con instrumentos que no pueden producir notas también es una opción. Te propongo que cojas diferentes patrones rítmicos y que los dividas en las distintas partes de una canción.

Otra opción es crear tus propios instrumentos de percusión. Seguro que puedes crear unas maracas, seguro que tienes alguna botella en la que poder rascar o incluso un cubo de limpieza, como hizo la banda Stay Homas.

RITMO EN POEMAS

¿**H**as pensado alguna vez en acompañar un poema? Se trata de una actividad que potencia la creatividad y la imaginación de los niños (y de aquellos quienes participan en general). Puedes escoger cualquier poema, pero yo te recomiendo que cojas uno sencillo y con una idea muy clara, es decir, que con una primera lectura ya puedas intuir como lo acompañarás. Te propongo dos ejemplos, uno que habla del otoño (con el que usaremos instrumentos de madera) y otro que habla de dormir (con el que usaremos sonidos suaves y metálicos). Este segundo poema lo encontrarás en el capítulo de material complementario. Cómo verás a continuación, podemos dibujar nuestro acompañamiento con diferentes grafismos. Esta representación se denomina **musicograma** y es muy útil para dejar plasmado aquello que interpretaremos.

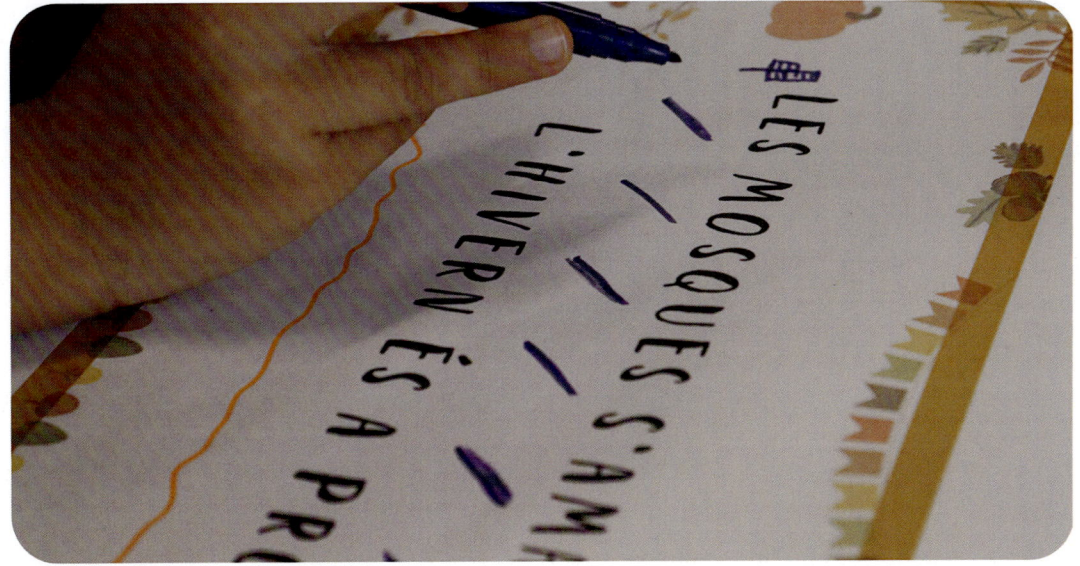

PASOS A SEGUIR

1. Leer el poema e identificar de qué habla.

2. Exploración sonora. ¿Cómo lo podemos acompañar? Decidimos qué usaremos y cómo lo leeremos.

3. Empezamos el musicograma. Dibujaremos debajo de cada verso, a la izquierda de todo. Representaremos el instrumento o la parte del cuerpo que usaremos y, debajo de cada verso, indicaremos cuándo se toca (los dibujos han de ser muy significativos en cuanto a la forma de tocar el instrumento).

4. Interpretación grupal y grabación.

ACTIVIDAD

Esta actividad va dirigida a niños de entre 7 y 9 años. Si vas siguiendo los pasos indicados anteriormente, podrás musicalizar tu poema.

El poema del otoño lo trabajo a principio de curso, así puedo explicar qué es un musicograma y me va perfecto para trabajar esa estación del año. Lo primero que hacemos es leerlo y representarlo, de este modo vamos memorizando el texto. Además, buscamos los instrumentos que nos cuadran mejor con el significado del poema. En este caso, los niños acaban escogiendo los instrumentos de madera, como la caja, el palo de lluvia, el xilófono... Hace falta que sean ellos los que decidan y que se cree un debate (además de hacer música, es importante hablar de ella).

Ritmo en el aula

En este capítulo haremos dos apartados diferentes. Uno por actividades de ritmo en el aula ordinaria y uno para actividades de ritmo en el aula de música.

Primero llevamos el ritmo al aula ordinaria. Seguro que los niños tienen a mano bolígrafos, lápices, gomas... ¿Qué pasa si hacemos que los golpeen contra la mesa? ¿Hacen todos el mismo sonido? ¿Podemos encontrar sonidos más agudos y sonidos más graves? ¿Y si los hacemos coger un bolígrafo en una mano y un lápiz en la otra? ¿Y si ahora ponemos ritmo?

Con el material del aula podemos crear ritmos sobre una superficie plana como, por ejemplo,una mesa. A través del lenguaje musical podemos hacer patrones rítmicos que nos permitan crear compases sencillos. Los podemos hacer con las dos manos a la vez, con solo una de ellas e incluso hacer compases diferentes con cada mano (esto se denomina hacer polirritmias).

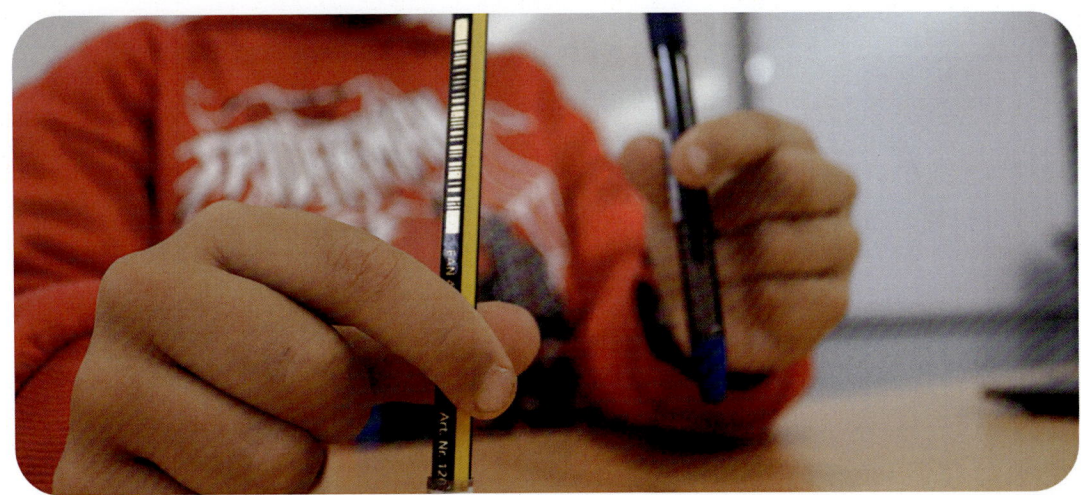

ACTIVIDAD

Te propongo dos células rítmicas para que puedas practicar, verás que tienen diferentes niveles (de más fácil a más difícil).

PATRONES RÍTMICOS PARA CLASE

nivel 1

PATRONES RÍTMICOS PARA CLASE

nivel 2

Si llevamos el ritmo al aula de música, hay un montón de actividades sencillas que puedes hacer. Te propongo unas cuantas:

EL TELÉFONO RÍTMICO

Seguro que has jugado alguna vez al teléfono roto (dices una palabra en la oreja de un compañero y este a otro, así hasta que llega al último y la dice en voz alta). Pues ahora lo harás con ritmos. Colocamos a los alumnos en fila de espaldas entre ellos, es decir, que tengan acceso a la espalda del compañero de delante. Se trata de tocarle un ritmo en la espalda, que vaya pasando hacia delante y que el primero lo escriba a la pizarra.

VASOS GIRATORIOS

En este caso es de suma importancia la pulsación, puesto que se trata de hacer un patrón rítmico con un vaso y acabar pasándolo. Si colocamos a los niños en círculo es muy sencillo que puedan pasarse los vasos entre todos.

Ritmo y movimiento

En la pizarra, escribe cuatro compases diferentes y escribe una letra ante cada uno de ellos. A continuación, pon música y haz que los niños sigan la pulsación mientras andan. Tendrán que estar atentos a cuando digas un compás, puesto que lo tendrán que tocar y después continuar andando con la pulsación.

IMPROVISACIÓN GUIADA

En un círculo, empieza haciendo cuatro movimientos en cuatro pulsaciones (un movimiento por pulsación) y los niños tienen que repetirlo. A continuación, cada alumno hará sus cuatro movimientos y los iremos repitiendo, siguiendo la pulsación de la música que hayas puesto. Lo ideal es buscar canciones en las que la pulsación sea adecuada para poder hacer esta actividad con energía, pero sin ser tan rápida como para no poder hacerla de un tirón. Yo te propongo canciones como *All Star* de Smash Mouth, *Boogie Wonderland* de Earth, Wind and Fire o *Only Human* de Jonas Brothers.

BINGO

Un clásico. A través de un bingo de ritmos puedes trabajar la identificación sonora y el reconocimiento visual de las figuras rítmicas que estés trabajando en ese momento en concreto.

JUEGO DEL DIRECTOR/A

En un círculo, uno de los niños tiene que adivinar quién es el director. Entre los alumnos del círculo se decide quién tendrá ese rol y empieza a llevar la pulsación en una parte del cuerpo. Cuando el/la niño/a lo decida, cambiará de parte del cuerpo. Uno de los niños, habrá salido del aula previamente y es el que tendrá que averiguar quién es el director/a.

EL JUEGO DE LOS TRES ANIMALES

Con la ayuda de un instrumento (en mi caso lo hago con el piano), la maestra tocará una melodía cuyo ritmo pueda identificarse. Los niños se tendrán que mover por el aula siguiendo este ritmo. Lo podemos relacionar con cómo andan los animales. Por ejemplo, un elefante anda muy lento (figura rítmica: blanca), un perro anda siguiendo la pulsación (figura rítmica: negra) y una hormiga anda más deprisa, por lo tanto, sigue las dos corcheas. Este juego lo puedes adaptar a cualquier figura rítmica, solo tienes que tener imaginación para relacionarlo con un animal.

¿QUÉ RITMOS Y A QUÉ CURSOS?

A continuación, te presento mi programación rítmica a lo largo de los cursos de infantil y primaria. En mi caso, las propuestas de infantil son sensoriales y experimentales, mientras que en primaria empezamos a poner nombre a aquello que vamos aprendiendo y descubriendo.

Ciclo Inicial

→ Negra y silencio de negra → *Música para una pantomima*, de W. A. Mozart.

→ Corcheas → *Sinfonía de la sorpresa*, de F. J. Haydn
In the Hall of the Mouintain King, de E. Grieg.

→ Blanca → *Coppélia, Act 1: No 1 Valse*, de Delibe.

→ Semicorcheas → *La marcha turca*, de W. A. Mozart.

60

Ciclo Medio

→ Corchea en punto y semicorchea → Septimino: Minuet, L. V. Beethoven.

Sinfonía del Nuevo Mundo: segundo movimiento, de A. Dvorák.

→ Negra en punto y corchea → El *Mesías*: *Aleluya*, de G. F. Handel.

Ciclo Superior

→ Corchea y dos semicorcheas → *Badinerie from Suite no. 2*, J. S. Bach.
Guillem Tell: *Overture*, de G. A. Rossini.

→ Tresillo → *Aída*: *Marcha Triunfal*, de G. Verdi
La familia Adams.

Tienes que tener en cuenta que estos conceptos rítmicos tienen que estar contextualizados en una situación de aprendizaje y que tu papel como maestro/a es de guía. De este modo el alumnado irá creando su aprendizaje.

Por otro lado, piensa cuáles son tus objetivos anuales. Actualmente, el currículum de educación primaria determina que el aprendizaje tiene que ser competencial, así que busca actividades y situaciones que hagan que tu alumnado sea **crítico,** pueda **descubrir** y pueda **aplicar** aquellos conocimientos que vaya aprendiendo.

> Actualmente, en Cataluña, el Decreto 175/2022 determina que el arte está dividido en cuatro bloques principales: la educación musical, la educación visual y plástica, las artes escénicas y performativas y la educación audiovisual. Con las artes escénicas y performativas, abrimos las sesiones de música a los saberes de este bloque, por lo que la danza, el movimiento, el teatro y la conciencia del propio cuerpo también son nuestros objetivos. De este modo, tienes que tener presente que tus situaciones de aprendizaje no solo deben englobar saberes de la educación musical, sino también artes escénicas y performativas.

A continuación, te explico una metodología que basa el aprendizaje de los niños en la experiencia con el propio cuerpo, esto es, con el movimiento y el ritmo como pilares fundamentales.

METODOLOGÍA DALCROZE

ÉMILE JACQUES-DALCROZE (1865-1950)

Fue un compositor y pedagogo suizo que creó una metodología basada en la idea de que el alumno experimente la música física, mental y espiritualmente, es decir, que desarrolle sentimientos, sensibilidad y expresividad a través del movimiento y la coordinación. Uno de los conceptos más importantes es el desarrollo del oído interno y la relación consciente entre la mente y el cuerpo.

Para conseguir sus objetivos, Dalcroze nos propone tres aspectos a trabajar: la euritmia, el lenguaje musical y la improvisación.

Euritmia

Entrena el cuerpo del alumno para que sea consciente de sus movimientos. Convierte el cuerpo en un instrumento que transforma la música.

Lenguaje musical

Desarrolla el oído interno del niño para que aprenda a cantar. Esto se consigue a través de experiencias físicas y auditivas. Todas las actividades musicales se pasan por el cuerpo, es decir, por el movimiento, para que se puedan comprender y vivenciar.

Improvisación

Nos ayuda a sintetizar lo que hemos aprendido a través de la experiencia. Con la improvisación el niño nos demuestra que entiende y asimila los conceptos trabajados.

Esta metodología pide que el alumnado sea activo, ya sea cantando o realizando movimientos corporales. De este modo, se desarrollarán las **capacidades auditivas y motoras, la memoria y la concentración, la sensibilidad y la creatividad.**

PALABRAS CON RITMO

Una de las actividades que también gusta mucho a los niños es la de relacionar una palabra con el ritmo que produce al decirla, es decir, encontrar la correspondencia entre la palabra y el ritmo que se forma cuando se pronuncia. En este capítulo tendrás muchos ejemplos, así como unas plantillas para poder crear las tuyas. En mi aula las tengo clasificadas en función de su temática (las que hablan del otoño, las que son de películas, de nombres de flores...).

¿Cómo puedo encontrar el ritmo de las palabras?

Tienes que separar por sílabas (auditivamente) y así tendrás aproximadamente las partes en las que se divide y, por tanto, una aproximación del ritmo que vas a obtener. Una vez tengas la separación por sílabas, tienes que pensar en si alguna de ellas tiene una pequeña pausa o si quieres decirla de una forma en concreto.

Te propongo unos cuantos ejemplos:

Palabras de una sílaba:

Equivalen a una negra, un único tiempo. Por ejemplo: sal, mar, sol, flor, dos, tres, gris...

Palabras de dos sílabas:

Podemos hacer dos negras o dos corcheas. Por ejemplo: kiwi, ojo, rosa. rojo, boca, mano, nube, trompa...

Palabras de tres sílabas:

Podemos hacer un tresillo, una negra y dos corcheas, o dos corcheas y una negra. Por ejemplo: conejo, naranja, botella, galleta, azúcar, ventana, guitarra, morado...

Palabras de cuatro sílabas:

Cuatro semicorcheas, o dos veces dos corcheas. Por ejemplo: chocolate, elefante, mariposa, primavera, ukelele, ordenador...

MÚSICA Y CÓDIGO MORSE

El código morse es un método para transmitir información telegráfica usando secuencias de elementos cortos y largos para representar letras, números, puntuación y otros caracteres especiales. Estos elementos largos y cortos se representan con puntos y rayas.

Está compuesto por cinco elementos clave:

Elemento corto → un punto

Elemento largo → una raya

Espacio corto → separación entre letras

Espacio medio → separación entre palabras

Espacio largo → separación entre oraciones

Este método se creó en 1835 gracias a Samuel Morse y Alfred Vail, quienes buscaban mejorar el telégrafo eléctrico. Vail creó un método en el que establecía un código de puntos y rayas para representar cada letra y Morse fue quién lo patentó, junto con el telégrafo eléctrico mejorado.

¿Cómo lo puedo llevar al aula de música?

Bien, si cogemos la idea principal del código y establecemos un código rítmico, podremos obtener mensajes encriptados. Lo que deberás tener en cuenta es que necesitas hacer uno para cada letra, por lo tanto, necesitas 27 códigos diferentes.

Para hacerlo, te puedes guiar con el código morse internacional y cambiar el punto por dos corcheas, por ejemplo, y la raya por una negra. La figura del silencio será la que nos marque la separación entre dos palabras.

A continuación, te presento un código morse musical. ¿Eres capaz de averiguar el mensaje escondido? Esta actividad es ideal para **ciclo superior.** Puedes proponer mensajes escondidos o hacer que sean los niños los que creen los mensajes. Al final del libro, en el capítulo de materiales complementarios, tendrás una plantilla para crear tu propio código morse.

CÓDIGO MORSE MUSICAL

RITMO EN LA NATURALEZA

El entorno natural no solo ofrece un ambiente estimulante para aprender, sino que también promueve aspectos clave del bienestar de los niños, como la salud mental, el sentimiento de pertenencia y el desarrollo de habilidades sociales y emocionales.

Desde el punto de vista de la educación musical, los sonidos de la naturaleza pueden ser herramientas de aprendizaje, ya sea para identificarlos o para crear otros nuevos.

Seguro que has escuchado el concepto *Land Art*. Es un movimiento artístico de finales de la década de 1960 y principios de 1970. A pesar de ser un movimiento asociado a Estados Unidos y Gran Bretaña, en la actualidad se ha ido extendiendo por todo el mundo.

Lo que identifica a este movimiento es que el paisaje y la obra están relacionados, unidos. Hay que pensar que el arte en la naturaleza no significa llevar arte a la naturaleza, sino que la naturaleza es el medio de su creación. Así pues, podemos encontrar obras en espacios abiertos, susceptibles a posibles cambios y al deterioro debido a las condiciones naturales.

Si relacionamos las materias de Educación Musical y Educación Visual y Plástica, podemos unir el *Land Art* desde el punto de vista plástico y musical. De este modo, podemos crear arte en la naturaleza y añadirle música.

PROPUESTA:

Puedes crear arte en la naturaleza, grabarlo y llevarlo al aula de música. Con instrumentos de percusión puedes crear música que acompañe a la imagen, creando una obra de arte en su totalidad.

Otra propuesta dentro del arte en la naturaleza es trabajar los paisajes sonoros. Murray Schafer, músico, compositor, ambientalista y profesor de Estudios de la Comunicación en la Universidad Simon Frase en Canadá, definió este concepto gracias a sus investigaciones. El concepto soundscape nace de la unión entre las palabras sonido (sound, en inglés) y paisaje (landscape). Según Murray Schafer, un paisaje sonoro es un ambiente sonoro, tanto natural como urbano; es todo aquello que escuchas con relación a los sonidos de la misma natura.

Este concepto lo podemos utilizar tanto en melodías que nos transportan a un paisaje, como en un paisaje donde poder poner música. Se trata, pues, de poder introducir ritmos en unos paisajes en concreto. Por ejemplo, podemos crear ritmos simulando gotas de lluvia, los pasos de una persona, el agua que cae en una cascada, el canto de un pájaro...

Con esta propuesta no solo trabajarás la sensibilidad sonora y la ejecución interpretativa, sino que también trabajarás la habilidad de la escucha activa.

PROPUESTA:

Con este concepto puedes trabajar los ritmos que hay en la naturaleza. Por ejemplo, podemos escuchar si hay sonidos que tengan un ritmo concreto, como un pájaro carpintero en un árbol, las gotas de agua que caen lentamente... También podemos hacerlo al revés. A través de una foto, podemos crear los ritmos que escucharíamos y escribirlos para poder interpretarlos.

Hay que añadir que, trabajando la música en la naturaleza, puedes acabar creando un proyecto sobre la contaminación acústica. Puedes trabajar el paisaje sonoro desde la perspectiva del paisaje natural y la del paisaje urbano, buscando los parecidos y las diferencias, interpretando los ritmos que podemos ir encontrando y haciendo una valoración crítica sobre cómo afectan estos sonidos a nuestro día a día y a nuestra salud.

Instrumentos en la naturaleza

Tal como hemos visto en el capítulo del ritmo con instrumentos, puedes usar elementos naturales de tu entorno para crear instrumentos de percusión. En un entorno natural cercano podemos crear dos tipos de instrumentos: unos que nos permitan llevarlos a la escuela o a casa, y otros que sean efímeros, que los podamos usar en ese momento y que se queden en la naturaleza.

BASKET BEAT

El *Basket Beat* es una metodología que usa una pelota de baloncesto, el cuerpo y el juego para tener experiencias musicales de calidad y entrenar las habilidades vitales con una mirada crítica de transformación social.

El proyecto Basket Beat es una iniciativa que fusiona el baloncesto y la música para promover la inclusión social y la educación en comunidades desfavorecidas (Aragay y Sitges, 2023). Consiste en fomentar la participación física, intelectual y social en la vida cultural desde la experiencia y la confianza en uno mismo (todos tenemos la capacidad de formar parte de la experiencia y de crear cultura), y generar cambios en la calidad de vida y de pensamiento crítico de las personas, grupos, comunidades y sociedad.

La pelota de baloncesto es el instrumento principal. Si la hacemos botar podemos obtener dos sonidos: uno de grave (DUM) cuando toca el suelo y uno de agudo (TAK) cuando la golpeamos con las manos abiertas (Aragay, 2025). Una pelota que se convierte en un instrumento al alcance de cualquiera y que nos aporta cotidianidad, juego, energía y conexión con la tierra. Además, implica que el cuerpo se mueva y cree sonidos.

El *Basket Beat*, además, tiene un componente social que requiere la participación de un grupo de personas. Cuando trabajamos el ritmo a través de la pelota, buscamos que haya una pulsación compartida, un hilo a seguir, por lo tanto, una necesidad de unión.

Tenemos que pensar que esta propuesta es una técnica artística que combina la percusión corporal, las habilidades motrices básicas del baloncesto y la expresividad corporal. En consecuencia, no solo trabajarás la música, sino que también trabajarás aspectos específicos del baloncesto, como botar la pelota, tirarla, recibirla...

Para empezar a practicar, tienes que saber que cuando hablamos de *Basket Beat*, hablamos de unión y de grupo, por tanto, de la necesidad de hacer música en compañía. A continuación, te propongo unos patrones rítmicos para que puedas empezar a practicar. Para hacerlo más complejo, prueba a dividir el grupo en diferentes subgrupos y haz que cada uno de ellos siga un patrón diferente. Es así como aparecerá la magia del *Basket Beat*.

¿QUÉ CANCIONES PUEDO USAR?

Pues bien, realmente pasa un poco como con la percusión corporal, contra más se pueda sentir la pulsación marcada, más sencillo será de seguir. Te propongo canciones como *Uptown Funk* de Bruno Mars, *Bones* de Imagine Dragons o *Another One Bites The Dust* de Queen.

PATRONES RÍTMICOS BASKET BEAT

PATRONES RÍTMICOS BASKET BEAT

Uptown Funk – Bruno Mars

¿HACEMOS UNA BATUCADA?

Crear una batucada en la escuela es una actividad perfecta para fomentar la participación, el trabajo en equipo y el sentido lúdico de la música. La batucada tiene su origen en la música tradicional de Brasil y la podemos definir como un conjunto de instrumentos de percusión que interpretan ritmos energéticos y festivos.

Para hacer una batucada en la escuela es importante que tengas presente tus objetivos principales. Tienes que tener en cuenta qué ritmos usarás y cómo los repartirás entre los diferentes instrumentos.

¿Cómo puedo hacer los instrumentos?

Si no tienes presupuesto para comprar los instrumentos... ¡No pasa nada! Los puedes crear a partir de material reciclado. A continuación, te propongo unos cuantos instrumentos, su construcción y el desarrollo del proyecto.

Haremos la batucada con 24 alumnos y 4 tipos de instrumentos diferentes (surdos, repiques, bongos con baquetas y agogôs). Es importante que pactes con el alumnado la decoración de los instrumentos, puesto que deben tener algún elemento que los una y los identifique como grupo (ya sea el color de los instrumentos, alguna forma, la decoración, etc.).

REPIQUE

Es un tambor cilíndrico medio. Es un instrumento muy utilizado en los grupos de batucada. Tiene un sonido bastante agudo, cosa que lo hace resaltar por encima de los otros instrumentos. Esto le permite hacer frases rítmicas.

¿Cómo se puede crear?

Con un bote de plástico, de pintura, un tiesto para plantar o un cubo de agua. Hay que añadirle una correa, como la de una bolsa de deporte o la de una mochila.

SURDO

Es el tambor grande y, por lo tanto, que emite un sonido profundo y grave. Es el tambor más grande de la batucada. Se usa para marcar el tiempo base, es decir, la pulsación. Su función principal es mantener la base rítmica y el tempo de la batucada.

¿Cómo se puede crear?

Con botes industriales de pintura. También necesitarás ponerles una correa.

89

BONGOS METÁLICOS

Son tambores más pequeños que harán la tarea del tambor *bahiano* o *thimbao,* un tambor más largo que se utiliza para hacer sonidos agudos y graves en conjunto.

¿Cómo se pueden crear?

Uniremos dos latas grandes de comida en conserva. Le pondremos también una correa.

AGOGÔ

Es un instrumento de origen africano que se usa en una batucada al ritmo de música afrobrasileña. Aporta un ritmo alegre y vibrante.

¿Cómo se puede crear?

Buscaremos latas pequeñas y las uniremos a un tubo de PVC o a un palo de madera.

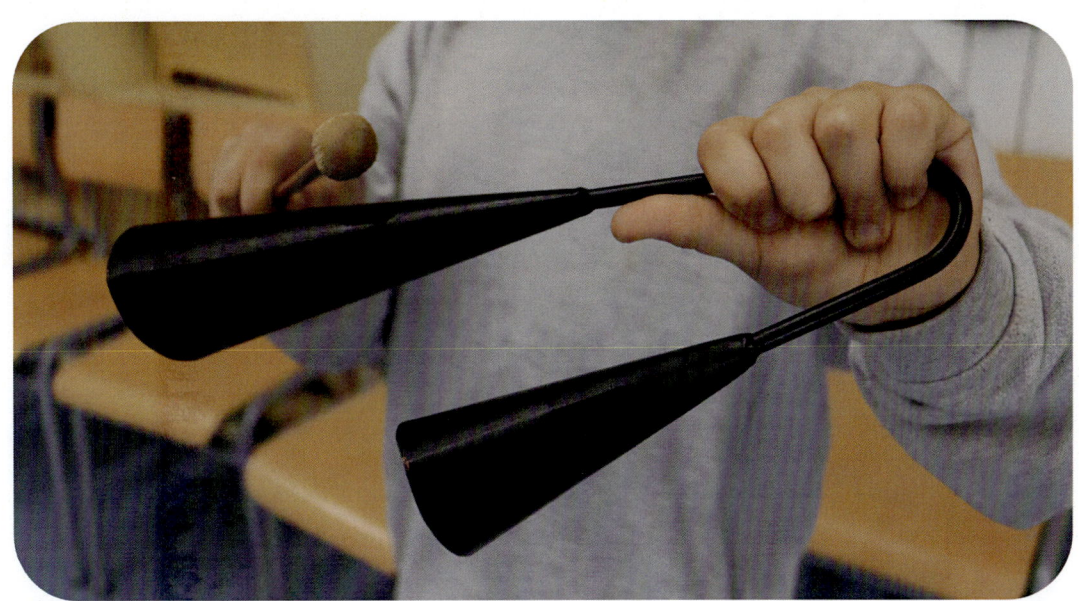

CREACIÓN DE BAQUETAS

Las baquetas de maza blanda las haremos con papel de periódico o con algún trapo. Para las del repique solo nos harán falta dos palos. Para las baquetas de los bongos necesitaremos palos de brocheta unidos con cinta por un extremo. Y, por último, la baqueta del agogô tiene que ser de rígida, por lo tanto, necesitaremos un palo pequeño de madera o de metal (en este caso, las baquetas pequeñas de madera del aula de música nos sirven).

¡Ahora te toca a ti!

Los ritmos para interpretar pueden ser del todo diversos. Te propongo que pongas sobre la mesa los ritmos que hayas trabajado hasta el momento y que empieces a hacer pruebas. Tu tarea consistirá en hacer patrones rítmicos que te ayuden a ver cómo los niños se van mostrando menos rígidos poco a poco, así como que son capaces de seguir los patrones con facilidad. Puedes usar los patrones rítmicos que has ido viendo en este libro o puedes echar un vistazo al capítulo de material complementario.

PLAKSPOON

El *PlakSpoon* es un instrumento hecho con dos cucharas, un objeto simple que usamos para comer. Con un apoyo que las una podemos crear un instrumento musical sencillo que puede hacer una gran cantidad de sonidos diferentes. Es un instrumento perfecto para añadir a una batucada o a cualquier otra agrupación musical.

Este instrumento fue creado por **Estêvão Marcas,** educador musical, junto con el libro *Colherim*, un libro que enseña a tocar ritmos de Brasil con el *PlakSpoon* como instrumento de percusión.

MÚSICA COMO HERRAMIENTA DE COHESIÓN SOCIAL

«La música en sí misma es inclusiva, pues aglutina dimensiones intelectuales, sociales y afectivas, lo que la convierte en una herramienta ideal para el modelo de transformación social» (Quero, 2011, p.76).

Si definimos el concepto «cohesión social» podemos observar que este término se usa para definir vínculos que unen a las personas en una sociedad, particularmente en el contexto de la diversidad cultural.

Hablamos también de inclusión social como término en lo referente a integrar en la vida comunitaria a todos los miembros de una sociedad, con independencia de su origen, su actividad, su condición socioeconómica, su pensamiento o su religión.

Como bien sabemos, nuestra sociedad contiene una gran diversidad cultural fruto de las migraciones en masa de los últimos años, así como de las que se han producido durante el último siglo dentro del propio país. Tal diversidad, la poca comprensión y el rechazo hacia esta, han propiciado disgregar la cohesión e inclusión social de nuestro entorno y menguar la percepción de pertenencia y aceptación de las nuevas culturas, así como el aumento de las situaciones de desigualdad y rechazo social hacia personas menos favorecidas. A esta situación hace falta añadir los pocos recursos económicos de los cuales disponen y el poco conocimiento de la lengua, en algunos casos.

Willems (1994) nos explica que la educación musical se tiene que entender como esencia del hombre y como medio para desvelar y desarrollar las facultades de este. La música ha estado siempre presente en el ser humano, desde las civilizaciones antiguas hasta la sociedad actual. En las civilizaciones orientales de las regiones de China, la India o Grecia, la música era considerada un valor humano de primer orden. En la Grecia clásica, sabios como Aristóteles y Platón también destacaron el papel de la música en la educación. Sin embargo, la humanidad ha ido evolucionando y ha centrado la importancia y el valor en el intelecto, mientras que se ha dejado de lado la afectividad, que jugaba un papel importantísimo en el arte y la música de aquellas sociedades.

A pesar de que el papel de la música en la sociedad haya ido teniendo diferentes consideraciones, podemos afirmar que no ha existido ninguna cultura sin música y que, incluso, hay culturas que usan la música como medio de resolución de conflictos. Leyman (citado por Cámara de Landa, 2004) habla sobre la importancia de la música en la evolución humana y su valor social y emocional.

Durante la evolución, el valor de supervivencia de la música se utilizado para la dominación territorial, la defensa de los depredadores, las competiciones específicas internas y la cohesión social. [...] La música cumple, todavía hoy, su función de desmarcar el espacio personal y de grupo, creando cohesión social, preparando para la acción y proporcionando sencillamente puro placer. Debido a su habilidad para despertarnos y permitirnos volver a experimentar emociones primarias, la música es también catártica y terapéutica. (Cámara de Landa, 2004, p. 130).

Refiriéndonos más a otra vertiente de las propiedades de la música, hay que decir que los primeros ensayos de musicoterapia, realizados en una clínica privada de Nueva York en 1930, evidenciaron que la música era una terapia eficaz que propiciaba el aumento o la disminución de las secreciones glandulares influyendo sobre la circulación de la sangre, regulando la tensión arterial y actuando así sobre el sistema nervioso y los estados emocionales. Tal como afirma Jauset (2013), el estado emocional que genera el hecho y la ejecución musical es uno de los beneficios más inmediatos que puede aportar la música. Sin embargo, hay diferentes estudios que revelan que la práctica musical también propicia la mejora de determinadas habilidades, como el lenguaje o el cálculo, a causa de varios cambios bioquímicos y la estimulación de nuevas conexiones neuronales. Según el autor, aunque algunos resultados no se puedan considerar plenamente determinantes, se pueden mencionar algunas investigaciones por la alta probabilidad y los grados de significación de estos:

• «Las que relacionan el aprendizaje musical con una mejora de resultados en áreas del lenguaje y de las matemáticas» (Spychiger, 1994; Graziano et al., 1999; Fujioka et al., 2006).

• «[...] Aquellas que analizan la mayor plasticidad sináptica del cerebro de los músicos en base al hiperdesarrollo de determinadas áreas sensoriales motoras y al aumento de las conexiones entre neuronas» (Rosenkranz, 2007).

• «[...] La memoria y la atención también pueden ser importantes áreas beneficiadas por la música. Así lo comprobó el equipo de Laurel Trainor, del departamento de Psicología, Neurociencia y Conducta de la Universidad McMaster (Hamilton, Canadá), al observar que la música potencia la maduración de la corteza cerebral de los bebés» (Trainor et al., 2009). (Jauset, 2013, pp.193 -194).

Merriam (citatdo por Cámara de Landa, 2004) propone una clasificación de funciones que refleja la eficacia de la música en individuos y sociedades:

1. Expresión de emociones

2. Goce estético

3. Entretenimiento

4. Comunicación

5. Representación simbólica

6. Respuesta física

7. Contribución a la continuidad y estabilidad de la cultura

8. Contribución a la integración social (Cámara de Landa, 2004, p. 129).

Merriam reafirma el papel de la música en las actividades de cohesión social: «la música es indispensable para promover actividades sociales; constituye un comportamiento humano universal sin el cual el hombre perdería la propia identidad, con todo lo que ello comporta» (Cámara de Landa, 2004, p.130). Podemos entender la música como otro medio de comunicación y otro lenguaje como también lo seria, por ejemplo, el lenguaje visual o el verbal, que permiten a la gente compartir emociones, significados, intenciones, problemas y también expresar la propia identidad.

En conclusión, la música nos une y nos aporta ese sentimiento de pertenencia a un grupo. Además, como hemos ido viendo en este libro, los beneficios que aporta la interpretación, sea con instrumentos o con el propio cuerpo, son tan variados que es indiscutible hablar de música sin hacer referencia a la sociedad.

La música como proceso y como vehículo para fomentar la tolerancia, el respeto y la convivencia entre las personas, según Rubio y Serra, ayuda a completar las opiniones de los centros que creen en la música no como finalidad productiva, sino como proceso educativo. Entienden la música como pretexto para la inclusión e igualdad de oportunidades y para la creación de espacios en los que las personas se puedan encontrar y hacer música para disipar prejuicios y construir confianza, respeto y trascender barreras. Por lo tanto, el objetivo final no es llegar a ser un gran intérprete musical, sino compartir el proceso musical.

MATERIAL COMPLEMENTARIO

A continuación, te presento una serie de materiales complementarios que puedes usar para llevar a cabo las actividades que te he ido proponiendo a lo largo de este libro. Empezamos con los materiales visuales y manipulativos.

PALABRAS CON RITMO

CARTELES PARA EL AULA

REDONDA

CORCHEA

SILENCIO DE BLANCA

BLANCA

SEMI - CORCHEA

SILENCIO DE REDONDA

NEGRA

SILENCIO DE NEGRA

SILENCIO DE CORCHEA

TRENES DE PULSACIÓN
Plantilla para crear

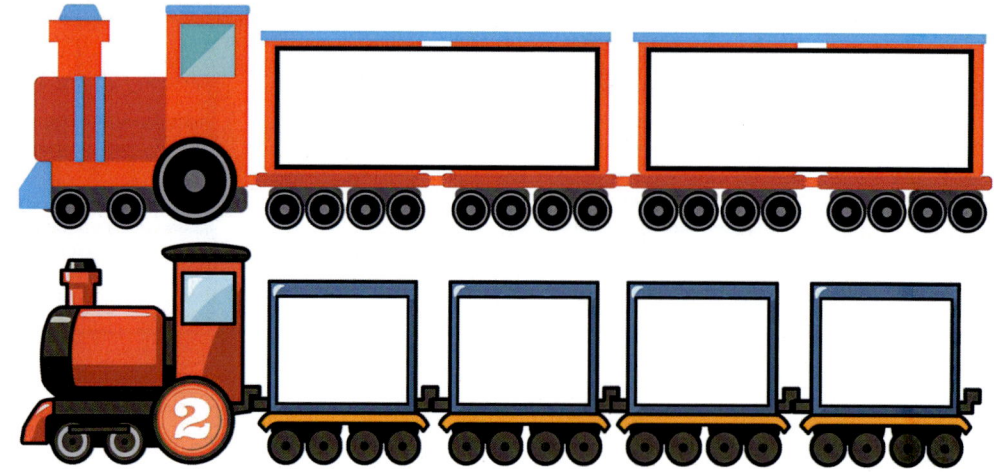

CREACIÓN CON BOOMWHACKERS

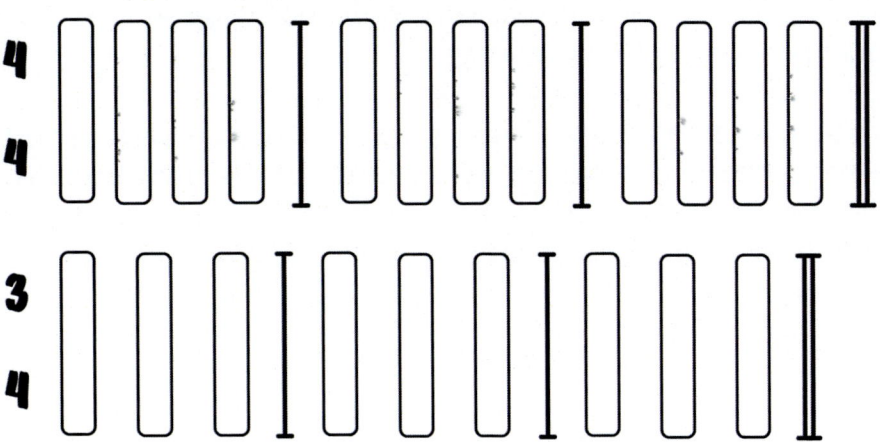

 **POEMA PARA IR A DOMIR**
para musicalizar

PARA DOMRIR A UN ELEFANTE,
SE NECESITA UN CHUPETE GRANDE,
UN SONAJERO DE COCO
Y SABER CANTAR UN POCO

SI SE DESPIERTA DE NOCHE,
SÁCALO A PASEAR EN COCHE,
SI SE DESPIERTA DE MADRUGADA,
ACOMÓDALE BIEN LA ALMOHADA.

PARA DORMIR, PARA DORMIR,
PARA DORMIR A UN ELEFANTE...
PARA DORMIR, PARA DORMIR,
PARA DORMIR A UN ELEFANTE...

105

Cómo podrás ver, hay plantillas sin escribir para que seas tú, o tu alumnado, quien cree el contenido pertinente.

Ahora te propongo **herramientas digitales.** Cómo podrás ver a continuación, he hecho una pequeña selección de diferentes recursos digitales, divididos entre canales de YouTube, aplicaciones para trabajar el ritmo y páginas web de consulta de las que poder sacar más ideas y recursos. Estos recursos son ideales para trabajar de forma instantánea o para tener proyectados en el aula.

Canals de YouTube

- Swick's Classroom: https://www.youtube.com/@swicksclassroom

- Irene Smykowski: https://www.youtube.com/@irenesmykowskimusiced

Google Music Lab

- Ideal para hacer música con diferentes plataformas. Es muy sencillo de utilizar y de entender, hay muchas opciones diferentes.

Garage Band

Puedes tocar un montón de instrumentos para acompañar canciones. También cuenta con la opción de grabarlos y así poder crear música.

Rhythm training

Esta aplicación te ayudará a seguir la pulsación y podrás practicar diferentes ritmos. Aparecen una serie de ritmos a interpretar de forma muy visual y siguiendo un tempo establecido.

Rhythm Calculator

Esta aplicación se asemeja mucho a una calculadora pero, en lugar de números, aparecen figuras musicales. En este caso, la aplicación reproduce los ritmos que hayas puesto.

Si lo que buscas es saber más sobre todo lo que has podido ir encontrando en este libro, aquí tienes diferentes formadores, especialistas y cursos que puedes hacer para ampliar tu conocimiento o simplemente por gusto a la música.

Metodologia Dalcroze

- Rítmica Dalcroze, con PerkImBa.

- Rítmica Jaques-Dalcroze, de la Escuela Moderna, en Chile.

- Fundación Barenboim-Said.

- Aprende música a través del cuerpo y el movimiento: Metodología Dalcroze, en la Universidad de Granada.

- Instituto Jaques-Dalcroze.

Boomwhackers

- Boomwhackers en la escuela, de Santi Carcasona.

- Dinámicas con Boomwhackers, con Carlos Alcázar Rodríguez-Patiño.

Batucada

- *Tokem x tu*, talleres para escuelas en Barcelona.

- Tukebatukes Percusión, escuela de percusión con cursos online.

- Cursos Percumon, con Siete Octavos.

- Kultrún batucada, en Valencia.

Basket Beat

- *Basket Beat*: movimiento, arte, educación y acción social.

AGRADECIMIENTOS

No quiero acabar este libro sin dar las gracias a todos los que me habéis apoyado tanto en mi profesión como en mi día a día personal.

A Escola El Casal, por ser la escuela que me convirtió en la maestra que soy hoy en día, por abrirme las puertas y no haberlas cerrado nunca.

Al IE Can Filuà, por toda la ayuda recibida, por la bienvenida y el acompañamiento que he tenido por parte de todo el claustro.

A Laura, Carla y Marçal, por darme el empujón que necesitaba y recordarme el montón de cosas que las y los maestros de música hacemos día a día (y de las que muchas veces no somos conscientes).

A Cristina Colom, por acompañarme a la presentación de este libro y hacerme sentir como en casa.

A Cristina, que sin pensárselo dos veces cogió la cámara y captó la esencia que quería mostrar.

A Júlia, por poner la banda sonora más bonita. No sabes cuántas vueltas le he dado a vuestra lista de Spotify mientras escribía.

A Miquel, por acompañarme en esta aventura y creer siempre que puedo conseguir lo que me proponga.

Y a ti, que has decidido leer un trocito de mí y de mi profesión.

BIBLIOGRAFÍA Y WEBGRAFÍA

- https://santiserratosa.com/ca/

- https://www.santicarcasona.com

- https://crosspulse.com

- https://basketbeat.org/formacio/

- https://www.percuforum.com/blog/2024/09/04/como-crear-una-batucada-en-un-colegio-o-instituto/

- García, L. (2016). Música y movimiento. Enfoques de la Pedagogía de la Música orientados a la integración práctica de lo corporal. Recuperat de: http://www.esmuc.cat/esmuc_digital/Esmuc-digital/Revistes/Numero-51octubre2016/Article

- Aragay, J. M. y Sitges, D. (2023). El trabajo grupal desde una perspectiva política. Basket Beat: una propuesta holística para generar procesos educativos en las artes comunitarias. En S. Garcías de Ves, E. Pérez-Calzado y J. M. Armada-Crespo (Eds.), *La Mar de talleres. Innovación y aplicación de la Expresión Corporal* (pp. 121-134). AFYEC.

- González Mediel, O., Sempere, N., & Rovira, G. (2016). La Música com a eina de cohesió social. Temps d'Educació, 2016, num. 50, p. 99-113.

- Nedovic, S. y Morrissey, A-N. (2013). Calm active and focused: Children's responses to an organic outdoor learning environment. *Learning Environments Research*, 16, 281-295.

- Schafer, R. Murray (1994). *The Soundscape: Our Sonic Environment and the Tuning of the World*. Vermont: Destiny Books.

- Quero, M. F. C. (2011). Proyectos musicales inclusivos. Tendencias pedagógicas, (17), 74-82.

- Willems, E., tr Brutocao, M. T., tr Fabiani, M. T., & tr Fabiani, N. L. (1994). El valor humano de la educación musical